TABLA DE RECETAS

Cocinar es como el amor.
Se debe darlo todo o no hacer nada.

HARRIET VAN HORNE

TABLA DE RECETAS

#	NOMBRE	NOTAS DE RECETA
1		
2		
3		
4		
5		
6		
7		
8		
9		
10		
11		
12		
13		
14		
15		
16		
17		
18		
19		
20		
21		
22		
23		
24		
25		

Comienza siempre con un bote más grande de lo que creas que vas a necesitar.

TABLA DE RECETAS

#	NOMBRE	NOTAS DE RECETA
26		
27		
28		
29		
30		
31		
32		
33		
34		
35		
36		
37		
38		
39		
40		
41		
42		
43		
44		
45		
46		
47		
48		
49		
50		

Hay más sonrisas en un lugar donde haya comida.
PROVERBIO IRLANDÉS

TABLA DE RECETAS

#	NOMBRE	NOTAS DE RECETA
51		
52		
53		
54		
55		
56		
57		
58		
59		
60		
61		
62		
63		
64		
65		
66		
67		
68		
69		
70		
71		
72		
73		
74		
75		

El único obstáculo real es el miedo al fracaso.
En la cocina tienes que tener una actitud de descaro.

TABLA DE RECETAS

#	NOMBRE	NOTAS DE RECETA
76		
77		
78		
79		
80		
81		
82		
83		
84		
85		
86		
87		
88		
89		
90		
91		
92		
93		
94		
95		
96		
97		
98		
99		
100		

Demasiados cocineros arruinan el caldo.
PROVERBIO CHINO

RECETAS

¿Hay alguna práctica menos egoísta, cualquier trabajo menos alienado y que cunda más que preparar algo delicioso y nutritivo para las personas que quieres?

01  RECETA: _____

| RACIONES | TIEMPO DE PREPARACIÓN | TIEMPO DE COCCIÓN | FECHA |

INSTRUCCIONES

INGREDIENTES

NOTAS:

02 RECETA:

RACIONES	TIEMPO DE PREPARACIÓN	TIEMPO DE COCCIÓN	FECHA

INSTRUCCIONES

INGREDIENTES

NOTAS:

03  RECETA: _____

| RACIONES | TIEMPO DE PREPARACIÓN | TIEMPO DE COCCIÓN | FECHA |

INSTRUCCIONES

INGREDIENTES

NOTAS:

04  RECETA: _____

RACIONES	TIEMPO DE PREPARACIÓN	TIEMPO DE COCCIÓN	FECHA

INSTRUCCIONES

INGREDIENTES

NOTAS:

05

RECETA:

RACIONES	TIEMPO DE PREPARACIÓN	TIEMPO DE COCCIÓN	FECHA

INSTRUCCIONES

INGREDIENTES

NOTAS:

06  RECETA: _____

| RACIONES | TIEMPO DE PREPARACIÓN | TIEMPO DE COCCIÓN | FECHA |

INSTRUCCIONES

INGREDIENTES

NOTAS:

07  RECETA:

RACIONES	TIEMPO DE PREPARACIÓN	TIEMPO DE COCCIÓN	FECHA

INSTRUCCIONES

INGREDIENTES

NOTAS:

08  RECETA: _____

RACIONES	TIEMPO DE PREPARACIÓN	TIEMPO DE COCCIÓN	FECHA

INSTRUCCIONES

INGREDIENTES

NOTAS:

09  RECETA: _____

| RACIONES | TIEMPO DE PREPARACIÓN | TIEMPO DE COCCIÓN | FECHA |

INSTRUCCIONES

INGREDIENTES

NOTAS:

10  RECETA: _____

RACIONES	TIEMPO DE PREPARACIÓN	TIEMPO DE COCCIÓN	FECHA

INSTRUCCIONES

INGREDIENTES

NOTAS:

11 RECETA:

RACIONES	TIEMPO DE PREPARACIÓN	TIEMPO DE COCCIÓN	FECHA

INSTRUCCIONES

INGREDIENTES

NOTAS:

12 RECETA: _____

RACIONES	TIEMPO DE PREPARACIÓN	TIEMPO DE COCCIÓN	FECHA

INSTRUCCIONES

INGREDIENTES

NOTAS:

13  RECETA: _____

RACIONES	TIEMPO DE PREPARACIÓN	TIEMPO DE COCCIÓN	FECHA

INSTRUCCIONES

INGREDIENTES

NOTAS:

14  RECETA: _____

RACIONES	TIEMPO DE PREPARACIÓN	TIEMPO DE COCCIÓN	FECHA

INSTRUCCIONES

INGREDIENTES

NOTAS:

15  RECETA: _____

RACIONES	TIEMPO DE PREPARACIÓN	TIEMPO DE COCCIÓN	FECHA

INSTRUCCIONES

INGREDIENTES

NOTAS:

16  RECETA: _____

| RACIONES | TIEMPO DE PREPARACIÓN | TIEMPO DE COCCIÓN | FECHA |

INSTRUCCIONES

INGREDIENTES

NOTAS:

17  RECETA: _____

| RACIONES | TIEMPO DE PREPARACIÓN | TIEMPO DE COCCIÓN | FECHA |

INSTRUCCIONES

INGREDIENTES

NOTAS:

18  RECETA: _____

RACIONES	TIEMPO DE PREPARACIÓN	TIEMPO DE COCCIÓN	FECHA

INSTRUCCIONES

INGREDIENTES

NOTAS:

19  RECETA: _____

RACIONES	TIEMPO DE PREPARACIÓN	TIEMPO DE COCCIÓN	FECHA

INSTRUCCIONES

INGREDIENTES

NOTAS:

20  RECETA: _____

RACIONES	TIEMPO DE PREPARACIÓN	TIEMPO DE COCCIÓN	FECHA

INSTRUCCIONES	INGREDIENTES

NOTAS:

21  RECETA: _____

RACIONES	TIEMPO DE PREPARACIÓN	TIEMPO DE COCCIÓN	FECHA

INSTRUCCIONES

INGREDIENTES

NOTAS:

22  RECETA: _____

| RACIONES | TIEMPO DE PREPARACIÓN | TIEMPO DE COCCIÓN | FECHA |

INSTRUCCIONES

INGREDIENTES

NOTAS:

23  RECETA: _____

| RACIONES | TIEMPO DE PREPARACIÓN | TIEMPO DE COCCIÓN | FECHA |

INSTRUCCIONES **INGREDIENTES**

NOTAS:

24 RECETA: _____

RACIONES	TIEMPO DE PREPARACIÓN	TIEMPO DE COCCIÓN	FECHA

INSTRUCCIONES

INGREDIENTES

NOTAS:

25  RECETA: _____

| RACIONES | TIEMPO DE PREPARACIÓN | TIEMPO DE COCCIÓN | FECHA |

INSTRUCCIONES

INGREDIENTES

NOTAS:

26 RECETA: _____

| RACIONES | TIEMPO DE PREPARACIÓN | TIEMPO DE COCCIÓN | FECHA |

INSTRUCCIONES

INGREDIENTES

NOTAS:

RECETA:

RACIONES	TIEMPO DE PREPARACIÓN	TIEMPO DE COCCIÓN	FECHA

INSTRUCCIONES	INGREDIENTES

NOTAS:

28

RECETA: _____

RACIONES	TIEMPO DE PREPARACIÓN	TIEMPO DE COCCIÓN	FECHA

INSTRUCCIONES

INGREDIENTES

NOTAS:

29  RECETA: _____

RACIONES	TIEMPO DE PREPARACIÓN	TIEMPO DE COCCIÓN	FECHA

INSTRUCCIONES

INGREDIENTES

NOTAS:

30  RECETA: _____

| RACIONES | TIEMPO DE PREPARACIÓN | TIEMPO DE COCCIÓN | FECHA |

INSTRUCCIONES

INGREDIENTES

NOTAS:

31  RECETA: _____

| RACIONES | TIEMPO DE PREPARACIÓN | TIEMPO DE COCCIÓN | FECHA |

INSTRUCCIONES

INGREDIENTES

NOTAS:

32  RECETA: _____

RACIONES	TIEMPO DE PREPARACIÓN	TIEMPO DE COCCIÓN	FECHA

INSTRUCCIONES

INGREDIENTES

NOTAS:

33  RECETA: _____

| RACIONES | TIEMPO DE PREPARACIÓN | TIEMPO DE COCCIÓN | FECHA |

INSTRUCCIONES

INGREDIENTES

NOTAS:

34  RECETA: _____

RACIONES	TIEMPO DE PREPARACIÓN	TIEMPO DE COCCIÓN	FECHA

INSTRUCCIONES	INGREDIENTES

NOTAS:

35  RECETA: _____

| RACIONES | TIEMPO DE PREPARACIÓN | TIEMPO DE COCCIÓN | FECHA |

INSTRUCCIONES

INGREDIENTES

NOTAS:

36  RECETA: _____

| RACIONES | TIEMPO DE PREPARACIÓN | TIEMPO DE COCCIÓN | FECHA |

INSTRUCCIONES

INGREDIENTES

NOTAS:

37  RECETA: _____

RACIONES	TIEMPO DE PREPARACIÓN	TIEMPO DE COCCIÓN	FECHA

INSTRUCCIONES

INGREDIENTES

NOTAS:

38  RECETA: _____

RACIONES	TIEMPO DE PREPARACIÓN	TIEMPO DE COCCIÓN	FECHA

INSTRUCCIONES	INGREDIENTES

NOTAS:

39  RECETA: _____

RACIONES	TIEMPO DE PREPARACIÓN	TIEMPO DE COCCIÓN	FECHA

INSTRUCCIONES

INGREDIENTES

NOTAS:

40  RECETA: _____

| RACIONES | TIEMPO DE PREPARACIÓN | TIEMPO DE COCCIÓN | FECHA |

INSTRUCCIONES

INGREDIENTES

NOTAS:

41 RECETA:

| RACIONES | TIEMPO DE PREPARACIÓN | TIEMPO DE COCCIÓN | FECHA |

INSTRUCCIONES

INGREDIENTES

NOTAS:

42 RECETA:

RACIONES	TIEMPO DE PREPARACIÓN	TIEMPO DE COCCIÓN	FECHA

INSTRUCCIONES

INGREDIENTES

NOTAS:

43  RECETA: _____

RACIONES	TIEMPO DE PREPARACIÓN	TIEMPO DE COCCIÓN	FECHA

INSTRUCCIONES

INGREDIENTES

NOTAS:

44  RECETA: _____

| RACIONES | TIEMPO DE PREPARACIÓN | TIEMPO DE COCCIÓN | FECHA |

INSTRUCCIONES

INGREDIENTES

NOTAS:

45

RECETA:

RACIONES	TIEMPO DE PREPARACIÓN	TIEMPO DE COCCIÓN	FECHA

INSTRUCCIONES

INGREDIENTES

NOTAS:

46 RECETA: _____

RACIONES	TIEMPO DE PREPARACIÓN	TIEMPO DE COCCIÓN	FECHA

INSTRUCCIONES

INGREDIENTES

NOTAS:

47  **RECETA:** _____

| RACIONES | TIEMPO DE PREPARACIÓN | TIEMPO DE COCCIÓN | FECHA |

INSTRUCCIONES

INGREDIENTES

NOTAS:

48

RECETA: _____

| RACIONES | TIEMPO DE PREPARACIÓN | TIEMPO DE COCCIÓN | FECHA |

INSTRUCCIONES

INGREDIENTES

NOTAS:

49  RECETA: _____

| RACIONES | TIEMPO DE PREPARACIÓN | TIEMPO DE COCCIÓN | FECHA |

INSTRUCCIONES

INGREDIENTES

NOTAS:

50

RECETA:

| RACIONES | TIEMPO DE PREPARACIÓN | TIEMPO DE COCCIÓN | FECHA |

INSTRUCCIONES

INGREDIENTES

NOTAS:

51  RECETA: _____

RACIONES	TIEMPO DE PREPARACIÓN	TIEMPO DE COCCIÓN	FECHA

INSTRUCCIONES

INGREDIENTES

NOTAS:

52 RECETA: _____

RACIONES	TIEMPO DE PREPARACIÓN	TIEMPO DE COCCIÓN	FECHA

INSTRUCCIONES

INGREDIENTES

NOTAS:

53  RECETA: _____

| RACIONES | TIEMPO DE PREPARACIÓN | TIEMPO DE COCCIÓN | FECHA |

INSTRUCCIONES

INGREDIENTES

NOTAS.

RECETA:

| RACIONES | TIEMPO DE PREPARACIÓN | TIEMPO DE COCCIÓN | FECHA |

INSTRUCCIONES

INGREDIENTES

NOTAS:

55 RECETA:

RACIONES	TIEMPO DE PREPARACIÓN	TIEMPO DE COCCIÓN	FECHA

INSTRUCCIONES

INGREDIENTES

NOTAS:

RECETA:

RACIONES	TIEMPO DE PREPARACIÓN	TIEMPO DE COCCIÓN	FECHA

INSTRUCCIONES

INGREDIENTES

NOTAS:

57  RECETA: _____

RACIONES	TIEMPO DE PREPARACIÓN	TIEMPO DE COCCIÓN	FECHA

INSTRUCCIONES

INGREDIENTES

NOTAS:

RECETA: _____

| RACIONES | TIEMPO DE PREPARACIÓN | TIEMPO DE COCCIÓN | FECHA |

INSTRUCCIONES

INGREDIENTES

NOTAS:

59

RECETA:

RACIONES	TIEMPO DE PREPARACIÓN	TIEMPO DE COCCIÓN	FECHA

INSTRUCCIONES

INGREDIENTES

NOTAS:

60  RECETA: _____

| RACIONES | TIEMPO DE PREPARACIÓN | TIEMPO DE COCCIÓN | FECHA |

INSTRUCCIONES

INGREDIENTES

NOTAS:

RECETA:

RACIONES	TIEMPO DE PREPARACIÓN	TIEMPO DE COCCIÓN	FECHA

INSTRUCCIONES

INGREDIENTES

NOTAS:

62  RECETA: _____

RACIONES	TIEMPO DE PREPARACIÓN	TIEMPO DE COCCIÓN	FECHA

INSTRUCCIONES

INGREDIENTES

NOTAS:

63  RECETA: _____

RACIONES	TIEMPO DE PREPARACIÓN	TIEMPO DE COCCIÓN	FECHA

INSTRUCCIONES

INGREDIENTES

NOTAS:

RECETA:

| RACIONES | TIEMPO DE PREPARACIÓN | TIEMPO DE COCCIÓN | FECHA |

INSTRUCCIONES

INGREDIENTES

NOTAS:

65  RECETA: _____

| RACIONES | TIEMPO DE PREPARACIÓN | TIEMPO DE COCCIÓN | FECHA |

INSTRUCCIONES

INGREDIENTES

NOTAS:

RECETA:

RACIONES	TIEMPO DE PREPARACIÓN	TIEMPO DE COCCIÓN	FECHA

INSTRUCCIONES

INGREDIENTES

NOTAS:

67

RECETA: _____

| RACIONES | TIEMPO DE PREPARACIÓN | TIEMPO DE COCCIÓN | FECHA |

INSTRUCCIONES

INGREDIENTES

NOTAS:

68

RECETA:

| RACIONES | TIEMPO DE PREPARACIÓN | TIEMPO DE COCCIÓN | FECHA |

INSTRUCCIONES

INGREDIENTES

NOTAS:

69  RECETA: _____

| RACIONES | TIEMPO DE PREPARACIÓN | TIEMPO DE COCCIÓN | FECHA |

INSTRUCCIONES

INGREDIENTES

NOTAS.

70 RECETA: _____

RACIONES	TIEMPO DE PREPARACIÓN	TIEMPO DE COCCIÓN	FECHA

INSTRUCCIONES

INGREDIENTES

NOTAS:

71  RECETA: _____

| RACIONES | TIEMPO DE PREPARACIÓN | TIEMPO DE COCCIÓN | FECHA |

INSTRUCCIONES

INGREDIENTES

NOTAS:

72  RECETA: _____

RACIONES	TIEMPO DE PREPARACIÓN	TIEMPO DE COCCIÓN	FECHA

INSTRUCCIONES

INGREDIENTES

NOTAS:

73 RECETA: _____

RACIONES	TIEMPO DE PREPARACIÓN	TIEMPO DE COCCIÓN	FECHA

INSTRUCCIONES

INGREDIENTES

NOTAS:

74 RECETA: _____

RACIONES	TIEMPO DE PREPARACIÓN	TIEMPO DE COCCIÓN	FECHA

INSTRUCCIONES

INGREDIENTES

NOTAS:

75 RECETA:

| RACIONES | TIEMPO DE PREPARACIÓN | TIEMPO DE COCCIÓN | FECHA |

INSTRUCCIONES

INGREDIENTES

NOTAS:

76  RECETA: _____

RACIONES	TIEMPO DE PREPARACIÓN	TIEMPO DE COCCIÓN	FECHA

INSTRUCCIONES

INGREDIENTES

NOTAS:

77  RECETA:

RACIONES	TIEMPO DE PREPARACIÓN	TIEMPO DE COCCIÓN	FECHA

INSTRUCCIONES

INGREDIENTES

NOTAS:

78 RECETA: _____

| RACIONES | TIEMPO DE PREPARACIÓN | TIEMPO DE COCCIÓN | FECHA |

INSTRUCCIONES

INGREDIENTES

NOTAS:

79  RECETA: _____

RACIONES	TIEMPO DE PREPARACIÓN	TIEMPO DE COCCIÓN	FECHA

INSTRUCCIONES

INGREDIENTES

NOTAS:

80

RECETA: _____

| RACIONES | TIEMPO DE PREPARACIÓN | TIEMPO DE COCCIÓN | FECHA |

INSTRUCCIONES

INGREDIENTES

NOTAS:

81  RECETA: _____

RACIONES	TIEMPO DE PREPARACIÓN	TIEMPO DE COCCIÓN	FECHA

INSTRUCCIONES

INGREDIENTES

NOTAS:

82 RECETA:

RACIONES	TIEMPO DE PREPARACIÓN	TIEMPO DE COCCIÓN	FECHA

INSTRUCCIONES

INGREDIENTES

NOTAS:

83  RECETA:

RACIONES	TIEMPO DE PREPARACIÓN	TIEMPO DE COCCIÓN	FECHA

INSTRUCCIONES

INGREDIENTES

NOTAS:

84 RECETA: _____

RACIONES	TIEMPO DE PREPARACIÓN	TIEMPO DE COCCIÓN	FECHA

INSTRUCCIONES

INGREDIENTES

NOTAS:

85

RECETA: _____

| RACIONES | TIEMPO DE PREPARACIÓN | TIEMPO DE COCCIÓN | FECHA |

INSTRUCCIONES

INGREDIENTES

NOTAS:

86  RECETA: _____

RACIONES	TIEMPO DE PREPARACIÓN	TIEMPO DE COCCIÓN	FECHA

INSTRUCCIONES

INGREDIENTES

NOTAS:

87  **RECETA:** _____

| RACIONES | TIEMPO DE PREPARACIÓN | TIEMPO DE COCCIÓN | FECHA |

INSTRUCCIONES

INGREDIENTES

NOTAS:

88

RECETA: _____

RACIONES	TIEMPO DE PREPARACIÓN	TIEMPO DE COCCIÓN	FECHA

INSTRUCCIONES

INGREDIENTES

NOTAS:

89  RECETA:

| RACIONES | TIEMPO DE PREPARACIÓN | TIEMPO DE COCCIÓN | FECHA |

INSTRUCCIONES

INGREDIENTES

NOTAS:

RECETA: _____

RACIONES	TIEMPO DE PREPARACIÓN	TIEMPO DE COCCIÓN	FECHA

INSTRUCCIONES

INGREDIENTES

NOTAS:

91  RECETA: _____

RACIONES	TIEMPO DE PREPARACIÓN	TIEMPO DE COCCIÓN	FECHA

INSTRUCCIONES

INGREDIENTES

NOTAS:

92  RECETA: _____

RACIONES	TIEMPO DE PREPARACIÓN	TIEMPO DE COCCIÓN	FECHA

INSTRUCCIONES

INGREDIENTES

NOTAS:

93 RECETA: _____

| RACIONES | TIEMPO DE PREPARACIÓN | TIEMPO DE COCCIÓN | FECHA |

INSTRUCCIONES

INGREDIENTES

NOTAS:

RECETA: _____

| RACIONES | TIEMPO DE PREPARACIÓN | TIEMPO DE COCCIÓN | FECHA |

INSTRUCCIONES

INGREDIENTES

NOTAS:

95

RECETA: _____

RACIONES	TIEMPO DE PREPARACIÓN	TIEMPO DE COCCIÓN	FECHA

INSTRUCCIONES

INGREDIENTES

NOTAS:

RECETA:

RACIONES	TIEMPO DE PREPARACIÓN	TIEMPO DE COCCIÓN	FECHA

INSTRUCCIONES

INGREDIENTES

NOTAS:

97  **RECETA:** _____

RACIONES	TIEMPO DE PREPARACIÓN	TIEMPO DE COCCIÓN	FECHA

INSTRUCCIONES **INGREDIENTES**

NOTAS:

98

RECETA: _____

RACIONES	TIEMPO DE PREPARACIÓN	TIEMPO DE COCCIÓN	FECHA

INSTRUCCIONES

INGREDIENTES

NOTAS:

99  RECETA: _____

RACIONES	TIEMPO DE PREPARACIÓN	TIEMPO DE COCCIÓN	FECHA

INSTRUCCIONES	INGREDIENTES

NOTAS:

100  RECETA: _____

RACIONES	TIEMPO DE PREPARACIÓN	TIEMPO DE COCCIÓN	FECHA

INSTRUCCIONES

INGREDIENTES

NOTAS:

www.ingramcontent.com/pod-product-compliance
Lightning Source LLC
Chambersburg PA
CBHW081508080526
44589CB00017B/2695